HÄDECKE

BROTAUFSTRICHE

VEGAN & VOLLWERTIG

mit Rezepten für Brote und Brötchen aus vollem Korn

von Annette Heimroth, Brigitte Bornschein & Markus Bonath

Hinweise zu den Rezepten

ABKÜRZUNGEN UND MASSE

Bei den Löffelangaben handelt es sich immer um das gestrichene Maß.

TL = Teelöffel	ml = Milliliter	g = Gramm	Msp = Messerspitze
EL = Esslöffel	l = Liter	Pck = Päckchen	TK = Tiefkühl

Die Rezepte sind, sofern nicht anders angegeben, für vier Portionen berechnet.

ROHKOSTANTEIL

ein erheblicher Teil ist Rohkost, **mindestens 30 %**

Rohkostanteil liegt **über 90 %**

Rohkostanteil erhöhen: Bio-Trockenfrüchte in Rohkostqualität (ungeschwefelt und ohne weitere Zusätze, schonend bei niedrigen Temperaturen unter 40 °C getrocknet oder gefriergetrocknet) verwenden. Auch Nuss- und Mandelmus gibt es inzwischen in Rohkostqualität.

ZUTATEN

Als Salz verwenden wir unjodiertes Stein-, Kristall- oder Kräutersalz.

Die Öle für die Zubereitungen aus Frischkost sind nativ und kalt gepresst.

HALTBARKEIT

Frisch zubereitete Brotaufstriche mit hohem Rohkostanteil lassen sich gut verschlossen und gekühlt etwa zwei bis drei Tage aufbewahren. Je geringer der Anteil an rohen Zutaten ist, desto länger ist ihre Haltbarkeit. Wichtig sind saubere Gläschen, die man am besten durch Auskochen sterilisiert. Aufstriche auf Ölbasis können etwas länger aufbewahrt werden, deswegen eignen sie sich auch gut als Geschenk aus der Küche. Dabei empfiehlt es sich, die Oberfläche mit Öl abzudecken.

Inhaltsverzeichnis

ARTISCHOCKEN-KAPERN-CREME (SEITE 26),
DINKEL-KAMUT-BROT (SEITE 8)

PIKANTER ERBSENAUFSTRICH (SEITE 32),
GEMÜSEAUFSTRICH MIT GRÜNKERN (SEITE 33)

BAGUETTE MIT OLIVEN

für 2 Stück

500 g Dinkel
1–2 TL Steinsalz
1 Pck Bio-Trockenhefe oder
1 Bio-Frischhefewürfel (42 g)
knapp 400 ml Wasser, lauwarm
etwa 21 große, grüne Oliven

Abbildung Seite 12

§ Dinkel fein mahlen, mit Salz und Trockenhefe vermischen. Bei Verwendung von Frischhefe diese im lauwarmen Wasser auflösen. Nach und nach so viel Wasser zugießen und verkneten, bis ein glatter Teig entsteht. Mit einem Tuch abdecken und an einem warmen Ort etwa 30 Minuten gehen lassen. 15 Oliven entsteinen, in Scheiben schneiden und vorsichtig in den Teig einarbeiten.

§ Backofen auf 220 °C vorheizen, einen Teller mit Wasser auf den Boden des Ofens stellen. Teig nochmals durchkneten und halbieren. Jeweils zu einer backblechlangen Rolle formen. Auf ein gefettetes oder mit Mehl bestreutes Backblech legen. Jede Teigstange fünf- bis sechsmal schräg und tief einschneiden und weitere 20–30 Minuten abgedeckt gehen lassen.

§ Baguettes mit etwas Wasser bepinseln. Die restlichen Oliven halbieren, entsteinen und gleichmäßig verteilt oben in den Teig drücken. Im vorgeheizten Backofen auf der mittleren Schiene etwa 25 Minuten backen, dann auf einem Gitter abkühlen lassen.

§ TIPPS §

Für ein klassisches **Baguette** einfach die Oliven weglassen. Wer es pikant mag, mischt stattdessen ein bis zwei fein geschnittene Chilischoten in den Teig.

Die mit Wasser angefeuchtete Oberfläche des Brots vor dem Backen in Sesam- oder Mohnsamen wälzen.

Für eine leckere **Bruschetta** das Olivenbaguette mit den „Würzigen Tomatenwürfeln" (Seite 72) belegen. Dazu dünne Baguettescheiben in einer Pfanne ohne Fett von beiden Seiten goldgelb anrösten. Mit einer halbierten Knoblauchzehe einreiben, die Tomatenmischung darauf verteilen und warm servieren.

DINKEL-KAMUT-BROT

für eine Kastenform von etwa 30 cm Länge

375 g Dinkel

375 g Kamut

2 TL Steinsalz

1 Pck Bio-Trockenhefe oder
1 Bio-Frischhefewürfel (42 g)

etwa 500 ml Wasser, lauwarm

Sonnenblumen-, Kürbiskerne oder
5-Korn-Flocken zum Bestreuen

§ Dinkel und Kamut in einer Getreidemühle fein mahlen, mit Salz und Trockenhefe vermischen. Bei Verwendung von Frischhefe diese im lauwarmen Wasser auflösen. Nach und nach so viel Wasser zugießen und verkneten, bis ein glatter Teig entsteht. Mit einem Tuch abdecken und etwa 30 Minuten an einem warmen, zugfreien Platz gehen lassen.

§ Den Backofen auf 200 °C vorheizen. Die Kastenform fetten und mit Körnern oder Flocken nach Wahl bestreuen. Teig einfüllen, die Oberfläche mithilfe eines befeuchteten Löffels glatt streichen. Mit Körnern nach Wahl bestreuen und etwas Wasser aufsprühen. Ein feuerfestes Schälchen mit Wasser auf den Boden des Backofens stellen. Im vorgeheizten Backofen auf der mittleren Schiene nach zehn Minuten Backzeit bei 200 °C weitere 45 Minuten bei 180 °C fertig backen. Das Brot aus der Form nehmen und auf einem Gitter auskühlen lassen.

§ TIPPS §

Als weitere Zutat eignet sich Brotgewürz nach Geschmack, beispielsweise 2 TL Anis-, Fenchel-, Koriander- oder Kümmelsamen. Diese mit dem Mehl in der Getreidemühle fein mahlen oder im Mörser leicht anquetschen. Passend sind auch Schabzigerklee, Thymian oder Rosmarin.
Für ein herzhaftes Zwiebelbrot 1–2 Zwiebeln schälen, fein würfeln und in wenig Öl anrösten. Abkühlen lassen und unter den Teig mischen. Auch 3 EL klein geschnittene, getrocknete Tomaten ergeben eine köstliche Variante.

KARTOFFELBRÖTCHEN MIT NÜSSEN

für etwa 26 Brötchen

- 300 g Kartoffeln
- 600 g Weizen oder Dinkel
- 1 TL Kümmel
- 2 TL Steinsalz
- 1 Prise Muskatnuss, frisch gerieben
- 100–150 g Haselnüsse, halbiert oder Walnüsse, grob gehackt
- 2 EL Olivenöl
- 1 Bio-Frischhefewürfel (42 g)
- 300–350 ml Wasser, lauwarm
- Nüsse zum Garnieren

§ Kartoffeln waschen, 20 Minuten kochen, pellen und durch eine Kartoffelpresse drücken. Das Getreide mit dem Kümmel zusammen frisch mahlen, mit Salz und Muskatnuss vermischen. Die Nüsse, die Kartoffelmasse und Olivenöl dazugeben. Hefe im lauwarmen Wasser auflösen, portionsweise dazugießen und verkneten, bis ein glatter Teig entsteht.

§ Bei Zimmertemperatur etwa 30 Minuten an einem zugfreien Platz abgedeckt gehen lassen. Nochmals durchkneten und Brötchen formen. Auf zwei gefettete Backbleche setzen, weitere 30 Minuten an einem warmen Ort ruhen lassen.

§ Backofen auf 180 °C Heißluft vorheizen. Ein feuerfestes Schälchen mit Wasser auf den Boden des Backofens stellen. Die Brötchen mit kaltem Wasser bestreichen und jeweils eine Haselnuss mittig hineindrücken. Im vorgeheizten Backofen auf der mittleren und unteren Schiene etwa 20–25 Minuten backen.

§ Wer keinen Heißluft- oder Umluftbackofen hat, bäckt die Brötchen bei ca. 200 °C in zwei Backgängen hintereinander.

KARTOFFELBROT

für eine Kastenform von etwa 30 cm Länge

§ Wie bei den Kartoffelbrötchen beschrieben (siehe nebenstehendes Rezept), aus den gleichen Zutaten einen Teig kneten und 30–45 Minuten gehen lassen. Den Backofen auf 200 °C Ober- und Unterhitze vorheizen. Ein feuerfestes Schälchen mit Wasser auf den Boden des Backofens stellen. Eine Kastenform mit Öl fetten und den Teig einfüllen. Im vorgeheizten Backofen auf einem Gitterrost (zweite Schiene von unten) 20 Minuten bei 200 °C backen, dann mit Butterbrotpapier abdecken und weitere 40 Minuten bei 175 °C fertig backen.

GRUNDREZEPT NATURSAUERTEIG

für etwa 250 g Natursauerteig

1. Tag

30 g Roggen, frisch gemahlen
30 ml Wasser, lauwarm

2. Tag

30 g Roggen, frisch gemahlen
30 ml Wasser, lauwarm

3. Tag

100 g Roggen, frisch gemahlen
100 ml Wasser, lauwarm

Tipps zur Aufbewahrung auf Seite 14

§ Backofen auf 100 °C vorheizen. Mehl in einer Schüssel mit Wasser verrühren. Deckel auflegen und die Schüssel mit einer Decke umwickeln. Backofen ausschalten und die umwickelte, zugedeckte Schüssel darin 24 Stunden ruhen lassen. Falls der Backofen eine Grillvorrichtung hat, darauf achten, dass diese ausgeschaltet bleibt, sonst besteht Brandgefahr.

§ Am zweiten Tag Roggenmehl und Wasser mit dem Teigansatz verrühren und wie oben weiter verfahren. Wiederum 24 Stunden im Warmen ruhen lassen.

§ Am dritten Tag die größere Menge Roggenmehl und Wasser mit dem Vorteig vermischen und nach demselben Verfahren weitere 24 Stunden ruhen lassen.

BAGUETTE MIT OLIVEN (SEITE 6), VOLLKORNSAUERTEIGBROT (SEITE 13)

VOLLKORNSAUERTEIGBROT MIT MÖHREN UND KÜRBISKERNEN

für 2 große Kastenformen mit Deckel

Vorteig

400 g Roggen

125 g Sauerteig

½ l Wasser, lauwarm

Hauptteig

1300 g Getreide (Mischung aus Roggen, Dinkel, Weizen)

4 TL Steinsalz

100 g Kürbiskerne

200 g Möhren

¾ l Wasser, lauwarm

§ Backofen auf 100 °C vorheizen. Roggen fein mahlen und in eine Schüssel mit Deckel geben. Sauerteig im Wasser auflösen und mit dem Roggenmehl verrühren. Deckel auflegen und die Schüssel in eine Decke wickeln, in den Backofen stellen und diesen ausschalten. Den **Vorteig** über Nacht bzw. zwölf Stunden darin stehen lassen.

§ 125 g dieses Vorteigs für ein weiteres Rezept abteilen, mit etwas Roggenvollkornmehl verkneten und aufbewahren (siehe Tipp auf Seite 14).

§ Für den **Hauptteig** das Getreide in der Getreidemühle fein mahlen. Salz, Kürbiskerne und die gewaschenen, fein geraspelten Möhren untermischen. In die Mehlmitte eine Vertiefung drücken, den restlichen Vorteig hineingeben, leicht untermengen. Lauwarmes Wasser dazugießen und alles gut miteinander verkneten, bei Bedarf noch etwas Wasser nachgießen. Backofen auf 100 °C vorheizen. Teig in einer Schüssel mit etwas Mehl bestäuben und mit einem Küchentuch bedeckt in den warmen Backofen stellen. Temperatur ausschalten und den Teig 1½–2 Stunden gehen lassen, bis sich das Volumen ungefähr verdoppelt hat.

weiter auf Seite 14

§ Teig aus dem Backofen nehmen und diesen wieder auf 100 °C vorheizen. Zwei große Kastenformen mit Kokos- oder Erdnussöl fetten und jeweils eine Teighälfte einfüllen. Die Oberfläche mithilfe eines befeuchteten Löffels glatt streichen, jeweils ein Küchentuch darüberlegen und die Brote im warmen, abgeschalteten Backofen weitere 50 Minuten gehen lassen.

§ Beide Formen herausnehmen und den Backofen auf 250 °C vorheizen. Ist der Teig stark nach oben gegangen, die Deckel der Kastenformen erst nach zehn Minuten Backzeit auflegen, damit der Teig nicht daran kleben bleibt.

§ Die Brote im vorgeheizten Backofen auf der zweiten Schiene von unten 20 Minuten bei 250 °C backen. Dann die Temperatur auf 180 °C zurückschalten und noch etwa 45 Minuten backen.

§ Die Brote noch heiß vorsichtig aus den Formen nehmen, auf ein mit Backpapier ausgelegtes Blech setzen und weitere 20 Minuten bei 180 °C auf der mittleren Schiene knusprig backen. Auf einem Gitter auskühlen lassen.

§ TIPPS §

Anstelle von Möhren passen auch fein geraspelte Zucchini oder Hokkaidokürbis.

Ein Hingucker ist frisch geriebene oder gekochte, pürierte Rote Bete – neben der auffälligen roten Farbe ist auch das leicht erdige, süßliche Aroma etwas Besonderes. Dazu die Wassermenge entsprechend reduzieren und statt Kürbiskernen besser Sesam verwenden.

Achten Sie auf gelenkschonendes Kneten: Dabei nicht mit dem Handgelenk abknicken, sondern mit der Faust und durchgestrecktem Ellenbogen arbeiten. Währenddessen immer wieder mit der Knethand in Wasser tauchen. Als Arbeitsplatz eignet sich ein Esstisch besser als die meist hohen Arbeitsflächen in der Küche.

Sauerteig lässt sich in einem Schraubglas etwa zehn Tage im Kühlschrank aufbewahren. Dafür eine kleine Menge Roggenvollkornmehl frisch mahlen und mit dem Sauerteig zu einem mittelfesten Teig verrühren.

Sauerteig kann auch eingefroren werden. Vor der Verwendung dann langsam im Kühlschrank auftauen lassen (etwa 24 Stunden). Bei der Weiterverarbeitung von tiefgekühltem Sauerteig kann sich die Ruhezeit des Vorteiges auf bis zu 24 Stunden verlängern.

APFEL-ZIMT-CREME (SEITE 16) UND FEIGEN-KOKOS-CREME (SEITE 17)

Süße Aufstriche

APFEL-ZIMT-CREME

- 50 g Apfelringe, getrocknet
- 6 Datteln, entsteint
- 50 g Cashewkerne
- ¼ l Wasser oder Apfelsaft
- ½ TL Zimtpulver
- 2 TL Mandelmus

Abbildung Seite 15

§ Apfelringe, Datteln und Cashewkerne etwa 30–45 Minuten in Wasser oder Apfelsaft einweichen. Mit dem Einweichwasser, Zimt und Mandelmus im Mixer oder mit dem Pürierstab pürieren. Vor dem Verzehr nach Geschmack noch mit etwas Zimt bestäuben.

§ TIPPS §

Statt Zimtpulver zwei bis drei sehr fein gehackte Blättchen Pfeffer- oder Apfelminze zugeben.

Mit Cashewkernen oder Macadamianüssen garnieren.

Schmeckt sehr gut zu veganen Pfannkuchen.

Der Rohkostanteil kann leicht auf 90 % erhöht werden: einfach alle Zutaten in Rohkostqualität verwenden.

FEIGEN-KOKOS-CREME

- 100 g Feigen, getrocknet
- 150 ml Wasser
- 50 g Cashewkerne oder Mandeln, geschält
- 50 ml Wasser
- 1 Prise Zimtpulver
- 1 Prise Vanillemark oder -pulver
- 50 g Kokoschips oder -raspeln
- 1 EL Mandelmus

Abbildung Seite 15

§ Feigen und Cashewkerne etwa 30 Minuten getrennt voneinander in der jeweils aufgeführten Menge Wasser einweichen. Mit dem Einweichwasser und allen übrigen Zutaten im Mixer oder mit dem Pürierstab pürieren. Vor dem Verzehr mit Kokoschips oder -raspeln bestreuen.

§ TIPPS §

Alternativ Cashewkerne grob hacken, Mandeln fein mahlen. In einer Pfanne ohne Fett unter Rühren kurz anrösten, mit der pürierten Creme vermischen.

Anstelle von Wasser dieselbe Menge Kokosmilch verwenden.

Für eine Ananas-Kokos-Creme die Feigen durch Ananas ersetzen. Frische Früchte direkt verwenden, getrocknete Fruchtstücke zuerst einweichen.

Der Rohkostanteil kann leicht auf 90 % erhöht werden: einfach alle Zutaten in Rohkostqualität verwenden.

MANGOMUS (LINKS) UND PFLAUMENMUS (SEITE 22)

MANGOMUS

- 50 g Mangochips, getrocknet
- 50 g Datteln, entsteint
- 100 ml Wasser
- 50 g Sonnenblumenkerne
- 50 ml Wasser
- 2 TL Mandelmus
- ½ TL Zimt
- 1 Msp Vanillepulver

§ Mangochips, Datteln und Sonnenblumenkerne ein bis zwei Stunden in der jeweils aufgeführten Menge Wasser einweichen. Mit dem Einweichwasser und allen restlichen Zutaten in einem Mixer oder mit dem Pürierstab pürieren.

§ TIPPS §

Bei Verwendung einer frischen, geschälten Mango die Flüssigkeitsmenge entsprechend reduzieren. Das Wasser nach und nach zugießen, bis die gewünschte Konsistenz erreicht ist.
Frische Früchte dazu reichen, beispielsweise Kiwis, Orangen, Physalis oder Kokosnuss.
Der Rohkostanteil kann leicht auf 90 % erhöht werden: einfach alle Zutaten in Rohkostqualität verwenden.

TAHIN-DATTEL-ZITRONE

50 g Datteln, entsteint

50 g Tahin (ungeschälte Sesampaste ohne Salz)

2 TL Zitronensaft

§ Datteln klein schneiden, mit Tahin und Zitronensaft im Mixer pürieren. Bei Bedarf etwas Wasser dazugießen, damit die Konsistenz des Aufstrichs geschmeidiger wird.

§ TIPPS §

Diese Süßigkeit aus der Türkei lässt sich auch pur mit Mokkalöffeln genießen, beispielsweise als Dessert oder zum Tee.

Der Aufstrich wird zum Eis, indem man einige Eiswürfel im Mixer mitpüriert. (Vorher in der Beschreibung prüfen, ob der Mixer auch Eis zerkleinern kann.)

Anstelle von Datteln eignen sich auch andere Trockenfrüchte wie eingeweichte Aprikosen oder Physalis, dann entfällt der Zitronensaft.

Statt des Zitronensafts passt auch 1 TL schwach entöltes Kakaopulver, bei Bedarf etwas Wasser dazugießen.

HINTEN: MANDELAUFSTRICH (SEITE 23), VORNE TAHIN-DATTEL-ZITRONE

PFLAUMENMUS

- 100 g Pflaumen, getrocknet
- 8 Datteln, entsteint
- 140 ml Wasser
- 1 Prise Zimtpulver
- 1 Prise Gewürznelkenpulver
- 1 Msp Schalenabrieb einer unbehandelten Zitrone

Abbildung Seite 18

§ Pflaumen und Datteln 30 Minuten im Wasser einweichen. Mit dem Einweichwasser, den Gewürzen und dem Zitronenabrieb im Mixer oder mit einem Pürierstab pürieren.

§ TIPPS §

Das Pflaumenmus eignet sich auch gut für die Zubereitung von Gebäck. Für **Muffins** jeweils knapp die Hälfte einer Muffinsform mit Teig befüllen, ein bis zwei gehäufte Teelöffel Pflaumenmus daraufsetzen und die Oberfläche wieder mit Teig bedecken. Mit Mandelblättchen bestreuen.
Variationen mit Sternanis, Piment oder auch Wacholderbeeren – für einen kräftig-würzigen Geschmack.
Der Rohkostanteil kann leicht auf 90 % erhöht werden: einfach alle Zutaten in Rohkostqualität verwenden.

MANDELAUFSTRICH

60 g Datteln, entsteint
60 ml Wasser
2 EL natives Kokosöl, zimmerwarm
100 g helles Mandelmus (in Rohkostqualität)
1 Msp Vanillepulver

Abbildung Seite 21

§ Datteln etwa 30 Minuten im Wasser einweichen, dann mit dem Einweichwasser pürieren. Das Kokosöl mit dem Handrührgerät cremig rühren. Die pürierten Datteln, Mandelmus und Vanillepulver unterrühren. In ein Schraubdeckelglas füllen, verschließen und im Kühlschrank fest werden lassen.

§ TIPPS §

Für einen **Schokoaufstrich** noch ½–1 EL schwach entöltes Kakaopulver dazugeben.
Nüsse, Mandeln oder Sonnenblumenkerne hinzufügen, gemahlen oder gehackt, geröstet oder ungeröstet. Bei Bedarf entsprechend mehr cremig gerührtes Kokosöl zugießen.
Der Rohkostanteil kann leicht auf 90 % erhöht werden: einfach alle Zutaten in Rohkostqualität verwenden.

VON LINKS NACH RECHTS: SPANISCHER PAPRIKAAUFSTRICH (SEITE 55), AVOCADOCREME (SEITE 28)

HOKKAIDO-NORI-AUFSTRICH (SEITE 39),
BUNTER CASHEW-„SCHMAND" (SEITE 30)

Pikante Aufstriche

ARTISCHOCKEN-KAPERN-CREME

- 100 g Artischockenherzen, in Lake eingelegt
- 50 g Kapern, in Lake eingelegt
- 2½ EL natives Olivenöl

Abbildung Seite 4

§ Artischocken und Kapern gut abtropfen lassen. Je nach Geschmack grob hacken oder mit einem Wiegemesser mittelfein bis fein zerkleinern. Öl dazugießen und gut verrühren.

§ TIPPS §

Bei frischen, weich gekochten Artischocken 1–1½ TL Apfelessig und etwas Steinsalz hinzufügen, vor dem Verzehr einen Tag im Kühlschrank ziehen lassen.

Durch ihre angenehme Säure schmeckt die Creme gut zu einem Hefeteigbrot oder zum Kartoffelbrot (Seite 11).

Sind Kapern und Artischocken in Öl eingelegt, das Öl gut abtropfen lassen und die Creme ohne zusätzliches Öl verarbeiten. Sind sie dagegen in Essig eingelegt, noch 1½ EL Olivenöl dazugießen, bei Bedarf jeweils salzen.

Wahlweise passen auch Kapernäpfel und Estragon sehr gut.

AUBERGINENCREME

- 150 g Aubergine
- 1 EL Mandelmus
- 1 Zwiebel
- 1 Knoblauchzehe
- ½ gelbe Gemüsepaprika
- 1 Tomate
- 2 EL rotes Palmöl
- 1 TL Gemüsebrühpulver
- Kräutersalz
- schwarzer Pfeffer, frisch gemahlen
- frische Basilikumblättchen und Rosmarinnadeln, fein gehackt

nach Geschmack:

edelsüßes Paprikapulver, Currypulver, Chiliflocken

§ Backofen auf 200 °C vorheizen. Aubergine waschen, mehrfach mit einer Gabel einstechen, längs halbieren und mit der Schnittstelle nach unten in eine gefettete Auflaufform legen. Etwa 35 Minuten backen, bis sich die Schale leicht einstechen lässt. Etwas abkühlen lassen und das Fruchtfleisch mit einem Löffel aus der Schale lösen. Mit dem Mandelmus pürieren.

§ Zwiebel schälen und fein würfeln, Knoblauch schälen und durchpressen. Gemüsepaprika waschen, von Kernen und weißen Trennwänden befreien, klein schneiden. Tomate waschen, Strunk entfernen und ebenfalls klein schneiden. Palmöl erhitzen, Zwiebel und Knoblauch darin anrösten. Paprika- und Tomatenstücke zugeben und einige Minuten bei mittlerer Hitze unter gelegentlichem Rühren garen lassen. Gemüsebrühpulver, Salz, Pfeffer, Kräuter und das Auberginenmus unterrühren.

§ TIPPS §

Dazu schmeckt Fladenbrot oder frisches Baguette (Seite 6).

Mit Oliven garnieren.

Als **Dip** für Gemüsesticks oder für Artischocken.

Die Auberginencreme passt auch als **Sauce** zu Vollkornnudeln (ohne Ei), Naturreis oder Kartoffeln.

AVOCADOCREME

- 1 reife, mittelgroße Avocado
- ½ TL Zitronensaft
- ½ TL Sojasauce „Tamari"
- Stein- oder Kräutersalz
- weißer Pfeffer oder Cayennepfeffer
- Knoblauch nach Geschmack

Abbildung Seite 24

§ Die Avocado halbieren, den Kern entfernen und das Fruchtfleisch mit einem Löffel aus der Schale lösen. Mithilfe einer Gabel zu Mus zerdrücken. Mit Zitronensaft, Sojasauce, Salz, Pfeffer und dem geschälten, durchgepressten Knoblauch verrühren und abschmecken.

§ TIPPS §

Weitere Gemüse wie klein geschnittene Paprika, Pilze, Zwiebeln oder Tomaten sind eine gute Ergänzung.

Je nach Geschmack sind Sesampaste (Tahin) und Kreuzkümmel, Koriander, Oregano und Basilikum passende Gewürze.

Verfärbt sich der Aufstrich mit der Zeit dunkler, nochmals gut durchrühren.

BUNTER CASHEW-„SCHMAND"

- 100 g Cashewkerne
- 100 ml Wasser
- 2 TL Kapern
- 2 TL grüne Oliven
- 2 EL rote oder gelbe Gemüse-paprika, fein gewürfelt
- ¼ Zwiebel, geschält
- Kräutersalz
- Paprikapulver, edelsüß

nach Geschmack:

Frühlingszwiebelgrün, Schnittlauch, Petersilie, Schabzigerklee

Abbildung Seite 25

§ Die Cashewkerne etwa 20 Minuten im Wasser einweichen, beides zu einem „Schmand" pürieren. Mit den anderen, sehr fein geschnittenen Zutaten und den Gewürzen verrühren.

§ TIPPS §

Statt der Cashewkerne passen auch Mandeln gut. Kräutersalz lässt sich durch Gemüsebrühpulver ersetzen.

Für eine pikante Variante etwa 2 TL Meerrettich unterrühren. Bei Meerrettich aus dem Glas darauf achten, dass er nicht geschwefelt ist und weder Zucker noch Jodsalz enthält.

Der Rohkostanteil kann leicht auf 90 % erhöht werden: einfach alle Zutaten in Rohkostqualität verwenden.

CHAMPIGNONAUFSTRICH

- 100 ml natives Kokosöl
- 1 kleine Zwiebel
- 100 g braune oder weiße Champignons
- 1–2 Knoblauchzehen
- 1–2 Stängel glatte Petersilie
- 2 TL Zitronensaft
- Stein- oder Kräutersalz
- schwarzer Pfeffer, frisch gemahlen

Abbildung Seite 69

§ Das zimmerwarme Kokosöl mit dem Handrührgerät cremig rühren. Zwiebel schälen, fein würfeln und in einem kleinen Teil Kokosöl bei milder Hitze anschwitzen, abkühlen lassen. Champignons mit der weichen Seite der Gemüsebürste sauber bürsten. Die Stiele etwas einkürzen und die Pilze fein hobeln und klein schneiden. Knoblauch schälen und fein schneiden oder durchpressen. Petersilienblättchen fein hacken. Alle Zutaten miteinander verrühren und gut abschmecken.

§ TIPPS UND HINWEISE §

Der Champignonaufstrich ergibt auch eine leckere Füllung für einen veganen Blätterteig.
Als weitere Zutaten eignen sich grob gehackte und geröstete Hasel- oder Walnüsse. Dann etwas mehr Öl oder Sojasauce zugießen.
Braune Champignons haben ein kräftigeres Aroma als weiße und schmecken leicht nussig. Da sie im Vergleich etwas weniger Feuchtigkeit besitzen, schrumpfen sie bei der Zubereitung weniger und bleiben bissfester.

PIKANTER ERBSENAUFSTRICH

1 Tasse grüne Trockenerbsen (ca. 120 g)
2 EL Sonnenblumenöl
1 TL grüne Currypaste (sehr scharf)
1½ TL Stein- oder Kräutersalz
200 ml Gemüsebrühe

Abbildung Seite 5

§ Die Trockenerbsen verlesen, waschen und über Nacht in ausreichend Wasser einweichen (das Wasser sollte zwei Fingerbreit über den Erbsen stehen). Durch ein Sieb abgießen und abtropfen lassen. In einem Topf das Öl mit der Currypaste verrühren und kurz erhitzen. Erbsen, Salz und Gemüsebrühe dazugeben und im geschlossenen Topf bei geringer Hitzezufuhr kochen, bis die Erbsen sehr weich sind. Überschüssige Flüssigkeit bei Bedarf abgießen und beiseitestellen. Die Masse zu Mus quetschen oder pürieren. Falls nötig mit der zurückbehaltenen Kochflüssigkeit cremiger machen.

§ TIPPS §

Für eine Variante ohne Schärfe die Currypaste durch Ingwer, Kreuzkümmel- und Kurkumapulver ersetzen oder Knoblauch, Petersilie und Koriander verwenden.

Für einen Linsenaufstrich rote Linsen statt der angegebenen Menge Erbsen nehmen. Diese ohne vorheriges Einweichen etwa 15 Minuten in ausreichend Wasser weich kochen. Als Gewürz passt 1½ TL gelbes Currypulver.

GEMÜSEAUFSTRICH MIT GRÜNKERN

- 1 Tasse Grünkern, ganz (ca. 170 g)
- 100 g grüne Gemüsepaprika
- 50 g Möhre
- 30 g Sellerie
- 1 mittelgroße Kartoffel
- 1½ TL Sonnenblumenöl
- 1½ TL Distelöl
- 5 frische Rosmarinnadeln
- ½ TL Steinsalz
- Liebstöckel

Abbildung Seite 5

§ Grünkern waschen und über Nacht in der doppelten Menge Wasser einweichen. 30 Minuten im Einweichwasser kochen. Paprika waschen, von Strunk und Kernen befreien, Möhre waschen, Sellerie und Kartoffel schälen. Das Gemüse klein schneiden und in einem Topf mit den beiden Ölen kurz anschwitzen. Rosmarinnadeln klein hacken, mit Salz und Liebstöckel zum Gemüse geben. Grünkern mitsamt Kochflüssigkeit dazugießen und bei milder Hitze etwa 15–20 Minuten kochen, bei Bedarf Wasser nachgießen. Grünkern und Gemüse durch ein Sieb abgießen, Kochflüssigkeit auffangen und beiseitestellen. Die Masse pürieren und 1–2 TL Kochflüssigkeit untermischen, bis der Aufstrich die gewünschte Konsistenz aufweist.

§ TIPPS §

Cremige Aufstriche bekommen durch einen Eisportionierer eine appetitliche Form (siehe Bild auf Seite 5).

Für eine Variante mit Biss die pürierte, erkaltete Grünkernmasse mit fein geraspeltem Gemüse (z.B. Champignons, Gemüsepaprika, Zwiebel, Sellerie, Möhre, Rote Bete) vermischen. In dieser Form eignet sich der Aufstrich auch gut zum Befüllen von Gemüse, beispielsweise von Paprika, Zucchini oder Tomaten; anschließend überbacken.

Der Aufstrich schmeckt warm sehr gut zu Vollkornnudeln oder Pellkartoffeln.

GRÜNKERN-MAJORAN-AUFSTRICH

nach einer Idee von Jürgen Reuther

- 3–4 Kartoffeln
- 2–3 EL natives Olivenöl
- knapp 1/8 l Gemüsebrühe, heiß
- 1½–2 EL Grünkern, fein gemahlen
- Stein- oder Kräutersalz
- schwarzer Pfeffer, frisch gemahlen
- Muskatnuss, gerieben
- frischer Majoran oder Oregano, gehackt

§ Kartoffeln etwa 20 Minuten weich kochen. Schälen und durch eine Kartoffelpresse drücken oder mit einem Kartoffelstampfer oder einer Gabel zerdrücken. Mit Öl und Gemüsebrühe vermischen. Das Grünkernmehl unter Rühren kurz in einer Pfanne ohne Fett anrösten, unter das Kartoffelmus rühren. Mit Salz, Pfeffer, Muskatnuss und Majoran abschmecken.

§ TIPPS §

Getrocknet schmecken Majoran und Oregano am kräftigsten. In frischer Form sind beide milder und können reichlicher dosiert werden.
Als weitere Zutaten noch eine halbe Zwiebel schälen und fein würfeln, fein gehackten Knoblauch und 1 TL Hefeflocken unterrühren. Falls zur Hand, passen auch Möhren- oder Kohlrabigrün.

GRÜNKERN-MAJORAN-AUFSTRICH

GRÜNKOHLAUFSTRICH (SEITE 38) UND GURKENAUFSTRICH

GURKENAUFSTRICH

200 g Salatgurke
½ TL Steinsalz
1 TL Zitronensaft
½ TL Johannisbrotkernmehl*
schwarzer oder bunter Pfeffer

nach Geschmack:
frischer Dill, fein gehackt
Schnittlauchröllchen

* Das Johannisbrotkernmehl dient nur zur Bindung. Es kann auch weggelassen werden, wenn die Gurkenmischung sofort verzehrt wird.

§ Die Gurke gründlich waschen, längs halbieren und mithilfe eines Löffels entkernen. Mit oder ohne Schale raspeln – einen Teil grob und einen Teil fein. Mit Salz bestreuen und zehn Minuten abgedeckt stehen lassen. In ein Sieb geben, Flüssigkeit abtropfen lassen. Mit der Hand oder einem Esslöffel weitere Flüssigkeit auspressen, wegschütten. Zitronensaft und Johannisbrotkernmehl kräftig verrühren. Mit Salz, Pfeffer und nach Geschmack mit Kräutern würzen und unter die Gurkenraspeln mischen.

§ TIPPS §

Weitere passende Gewürze sind Kerbel, Schabzigerklee oder zwei fein gehackte Pfefferminzblättchen. Ein besonders aromatisches und dekoratives Würzkraut dazu ist Borretsch, sowohl die gewaschenen, fein gehackten Blätter als auch die blauen Blüten. Die heimische Wildpflanze ist im Volksmund als „Gurkenkraut" bekannt.
Frische Kresse, Meerrettich oder Senf sorgen für eine pikante Note.
Aber auch pur hat eine feste Bio-Gurke einen feinen Geschmack.

GRÜNKOHLAUFSTRICH

150 g Grünkohl
1 EL Distelöl
1 EL Sonnenblumenöl
4 Kardamomsamen
50 g Sellerie, geschält und grob geraspelt
etwas Zitronensaft
100 ml Wasser oder Gemüsebrühe
½ rote Chilischote
1 TL Stein- oder Kräutersalz

Abbildung Seite 36

§ Grünkohlblätter waschen und von den Rippen lösen. Zwei bis drei Minuten in kochendem Wasser blanchieren und in Eiswasser abschrecken. Die beiden Öle in einem Topf erhitzen. Grünkohl, Kardamomsamen und die Hälfte der Sellerieraspeln im Öl anschwitzen lassen. Die restlichen Sellerieraspeln mit etwas Zitronensaft vermischen und abdecken.

§ Das Gemüse im Topf mit Wasser ablöschen und etwa 30 Minuten kochen. Bei Bedarf Flüssigkeit nachgießen. Durch ein Sieb geben, Kochflüssigkeit auffangen und Kardamom entnehmen. Grünkohl nach Wunsch grob hacken oder pürieren. Chilischote von Stiel und Kernen befreien, in feine Streifen schneiden. Mit Salz und den restlichen Sellerieraspeln unter den Grünkohl mischen. Bei Bedarf etwas Kochflüssigkeit zugießen.

§ TIPPS §

Wird TK-Grünkohl verwendet, verkürzt sich die Zubereitungszeit.

Statt Chili passt auch Piment sehr gut. Wer es milder mag, würzt nach Geschmack mit frisch geriebener Muskatnuss, Sojasauce, etwas Senf und Hefeflocken.

Zuletzt einen halben, geraspelten Apfel untermischen.

HOKKAIDO-NORI-AUFSTRICH

200 g Hokkaidokürbis

200 ml Wasser oder Gemüsebrühe

½ TL Steinsalz

½ TL Sesamöl

2 TL Sojasauce „Tamari"

2 TL natives Kürbiskernöl

1 Blatt Nori-Algen

nach Geschmack:

1–2 cm frischer Ingwer, fein gerieben

Abbildung Seite 25

§ Kürbis waschen, nach Bedarf halbieren oder vierteln. Kerne mit einem Löffel herauskratzen und den Kürbis mit Schale in grobe Stücke schneiden. Mit Wasser, Salz, Sesamöl und Sojasauce etwa 20 Minuten bei mittlerer Hitze und geschlossenem Deckel kochen, bei Bedarf Wasser nachgießen. Ist der Kürbis weich, überschüssige Flüssigkeit abgießen. Nori-Algen mit einer Küchenschere in Stücke schneiden (etwa 1x1 cm). Den Kürbis pürieren oder mit einem Kartoffelstampfer zerdrücken. Kürbiskernöl, Ingwer und Nori-Algen behutsam unter den noch warmen Brei rühren.

§ HINWEISE §

Die Sojasauce „Tamari" enthält im Gegensatz zu „Shoyu" keinen Weizen, ist also glutenfrei. Nori-Blätter sind die wichtigsten Algen in der japanischen Küche, sie werden unter anderem zum Einrollen von Sushi verwendet. Die Blätter werden in getrockneter, gerösteter Form in Asia-Läden angeboten. Gemahlen sind sie ein aromatisches Fisch-, Suppen- und Salatgewürz. Sie enthalten viel Eiweiß, Vitamine, Mineralstoffe, Spurenelemente und relativ wenig Jod.

KICHERERBSENPASTE „HUMMUS"

200 g Kichererbsen, getrocknet
5 EL Olivenöl
1 Zwiebel
1 Tomate
5–6 EL Tahin (ungeschälte Sesampaste ohne Salz)
500 ml Wasser oder Gemüsebrühe
Steinsalz
Pfeffer
2 EL Zitronensaft
2 EL natives Sonnenblumenöl
½ Knoblauchzehe, geschält und durchgepresst
Koriandergrün, fein gehackt
edelsüßes Paprikapulver
Rosenpaprikapulver

§ Kichererbsen waschen, mit der doppelten Menge an heißem Wasser in eine Schüssel geben, abdecken und über Nacht einweichen. Dann durch ein Sieb abgießen, Einweichwasser wegschütten. Olivenöl in einem Topf erhitzen, die geschälte und fein gewürfelte Zwiebel kurz darin anschwitzen. Tomate waschen, vom Strunk befreien, klein schneiden und hinzufügen. 1 TL Tahin unterrühren, Wasser oder Gemüsebrühe dazugießen. Kichererbsen dazugeben und etwa eine Stunde gar kochen.

§ 150 g Kichererbsen abschöpfen und mit dem restlichen Tahin, Salz, Pfeffer, Zitronensaft, Sonnenblumenöl, Knoblauch und Gewürzen zu einem Aufstrich pürieren.

§ Was im Topf zurückbleibt, ist eine fertige tunesische Kichererbsensuppe!

§ TIPPS §

Statt der Sesampaste 30 g gebratene Auberginenstücke und 10 g Tomatenmark sowie 30 g entkernte Tomatenstücke pürieren.

Auch eine klein geschnittene, weich gekochte Gemüsepaprika ist eine gute Ergänzung.

Als Gewürze passen Kreuzkümmel (Kumin), Kurkuma, Cayennepfeffer, Curry oder Garam Masala.

Hummus schmeckt hervorragend zu Fladenbrot, Sesamgebäck und Baguette (siehe Seite 7).

KARTOFFELAUFSTRICH MIT TOMATE UND GURKE

- 200 g Kartoffeln
- 1 Zwiebel
- 1 Knoblauchzehe
- 2 EL Olivenöl
- 1 EL rotes Palmöl
- Chiliflocken nach Geschmack
- 100 g Gurke
- 1 mittelgroße Tomate
- Kräutersalz
- Basilikum
- edelsüßes Paprikapulver
- Muskatnuss, frisch gerieben

§ Die Kartoffeln etwa 20 Minuten weich kochen, schälen und durch eine Kartoffelpresse drücken oder klein stampfen. Zwiebel und Knoblauch schälen, fein würfeln. In einem Topf Oliven- und Palmöl erhitzen, erst Zwiebelwürfel, dann Knoblauch und Kartoffelmus kurz darin anschwitzen. Chiliflocken unterrühren und den Topf von der heißen Herdplatte ziehen. Gurke waschen und nach Wunsch schälen, in kleine Würfel schneiden. Tomate waschen, vom Strunk befreien und ebenfalls klein würfeln. Mit den Gurkenstücken, Kräutersalz, Basilikum, Paprikapulver und Muskatnuss unter die Kartoffelmasse rühren und abschmecken.

§ TIPP §

Für noch mehr Frische sorgen Frühlingszwiebelgrün, Schnittlauchröllchen und fein gehackte Petersilie oder Dill.

Ein intensiveres Tomatenaroma ergeben in feine Streifen geschnittene, sonnengetrocknete Tomaten, die evtl. kurz in etwas Wasser eingeweicht werden. Dann das Salz reduzieren.

BLAUE SCHNITTLAUCHKARTOFFELN

nach einer Idee von Agnes Göllmann

- 3–5 blaue Kartoffeln (je nach Größe), z.B. Vitelotte, Blauer Schwede oder Schwarzblaue
- 2–3 EL natives Sesam- oder Olivenöl
- Kräutersalz
- schwarzer Pfeffer, frisch gemahlen
- 4 EL Schnittlauchröllchen

§ Die Kartoffeln gar kochen und schälen. Durch eine Kartoffelpresse drücken oder mit dem Kartoffelstampfer oder einer Gabel zerdrücken. Noch warm mit Öl, Kräutersalz, Pfeffer und Schnittlauchröllchen verrühren.

§ TIPPS UND HINWEISE §

Selbstverständlich können auch die gängigen, hellen Kartoffeln für diesen Aufstrich verwendet werden. Blaue Kartoffelsorten wie „Vitelotte" (auch Trüffelkartoffel genannt) werden gelegentlich in Supermärkten, Feinkostgeschäften, Bioläden und auf Wochenmärkten angeboten. Sie haben ein feines Aroma, das an Esskastanien erinnert. Die violettblaue Farbe kommt durch die überaus gesunden „sekundären Pflanzenstoffe" zustande (Anthozyane).

Dazu passt eine Scheibe Schwarzbrot, grüner Salat und rote Tomaten – ein Teller voller bunter Vielfalt.

KARTOFFEL-GEMÜSE-AUFSTRICH

- 150 g Kartoffeln
- 50 g Möhre
- 40 g Fenchel
- etwas Zitronensaft
- 1 EL Sonnenblumenöl
- ½ TL Stein- oder Kräutersalz
- 2 Prisen Kreuzkümmelpulver (Kumin)
- 1 EL natives Olivenöl
- ½ TL natives Kürbiskernöl
- 1 EL natives Sonnenblumenöl
- ½ Knoblauchzehe, geschält und durchgepresst
- schwarzer Pfeffer, frisch gemahlen
- 1 Prise Muskatnuss, frisch gerieben oder Muskatblüte, gemahlen oder im Mörser zerstoßen
- etwas Gemüsebrühe bei Bedarf

§ Die Kartoffeln ungeschält in ausreichend Wasser weich kochen, durch ein Sieb abgießen. In der Zwischenzeit Möhre und Fenchel waschen, beides grob raspeln. Jeweils die Hälfte mit etwas Zitronensaft beträufeln und abdecken. Sonnenblumenöl erhitzen, die restlichen Raspeln darin auf kleiner Flamme unter Rühren weich garen.

§ Kartoffeln schälen, mit den gegarten Gemüseraspeln in eine Schüssel geben. Mithilfe einer Gabel zu Mus zerdrücken. Die rohen Gemüseraspel, Salz, Kreuzkümmel, Öle, Knoblauch, Pfeffer und Muskat unterrühren. Bei Bedarf mit etwas Gemüsebrühe geschmeidiger machen.

§ HINWEISE UND TIPPS §

In den pfirsichähnlichen, fleischigen Früchten des Muskatnussbaums stecken die Muskatnüsse, die genau genommen gar keine Nüsse, sondern Samenkerne sind. Auch die sogenannte Muskatblüte ist keine Blüte, sondern der Samenmantel, der den Samenkern (Muskatnuss) umschließt. Ihr korrekter Name ist Macis, ihr Aroma ist vergleichsweise milder und feiner. Dennoch schmecken beide sehr intensiv und sollten gerade für einen Aufstrich vorsichtig und schrittweise dosiert werden.

Zu dem Aufstrich passt ein kräftiges Roggenbrot oder ein Olivenbaguette (Seite 6).

ORIENTALISCHE KICHERERBSENCREME

- 100 g Kichererbsen, getrocknet
- 1 EL natives Kokosöl
- ½ Zwiebel, fein gewürfelt
- ½ TL Kreuzkümmelpulver
- ½ TL Kurkumapulver
- 1 TL Ras El-Hanout (nordafrikanische Gewürzmischung)
- Steinsalz
- etwas Zitronensaft
- ½ Knoblauchzehe, geschält und durchgepresst

§ Kichererbsen waschen, mit der doppelten Menge an heißem Wasser bedeckt über Nacht einweichen. Einweichwasser abgießen und in frischem Wasser oder Gemüsebrühe etwa eine Stunde gar kochen. Dann mit etwas Kochflüssigkeit pürieren. Alle anderen Zutaten unterrühren, bei Bedarf noch etwas Kochflüssigkeit zugießen, bis die Konsistenz schön cremig ist. Gut abschmecken.

§ TIPPS §

Gewürze und Kräuter bieten bei Brotaufstrichen viel Raum für Abwechslung. Wer eine mediterrane Note bevorzugt, verwendet Oliven- statt Kokosöl; Kurkuma, Kreuzkümmel und Ras El-Hanout können durch folgende Gewürze ersetzt werden: Oregano, Rosmarin, Thymian und Bohnenkraut; eine exotische Variante entsteht durch Safran oder angequetschte Fenchelsamen und einige Blättchen Pfefferminze. Auch eine milde Zubereitung mit Petersilie passt gut.

Wer es gerne pikant liebt, kann unter die Creme noch wenig Harissa (sehr scharf!) mischen. Die nordafrikanische Chilipaste verfeinert auch den Kartoffel-Gemüse-Aufstrich (Seite 46) und den Kartoffelaufstrich mit Tomate und Salatgurke (Seite 42).

KERNIGE KOKOSCREME

80 ml natives Kokosöl, zimmerwarm
80 g Sonnenblumenkerne
1 EL Sojasauce „Tamari"

§ Das Kokosöl mit dem Handrührgerät cremig rühren. Die Sonnenblumenkerne in einer Pfanne ohne Fett unter Rühren anrösten. Etwas abkühlen lassen, mit Kokosöl und Sojasauce verrühren. In den Kühlschrank stellen, bis die Creme fest wird. Vor dem Verzehr bei Zimmertemperatur etwas weicher werden lassen.

§ TIPPS §

Der Kokosgeschmack kann durch Kokosmilch verstärkt werden. Die Creme wird streichzart, wenn man den „Rahm" verwendet, der sich auf der Oberfläche der Kokosmilch absetzt. Auch Kokosraspeln sind ein feiner Zusatz, bei Bedarf entsprechend mehr Kokosöl verwenden.
Etwas Limettensaft und Koriandergrün harmonieren sehr gut mit dieser Creme.

LAUCH-KARTOFFEL-AUFSTRICH

- 200 g Kartoffeln
- 100 g Lauch
- 1 kleine Zwiebel
- 20 ml rotes Palmöl
- Stein- oder Kräutersalz
- schwarzer Pfeffer, frisch gemahlen
- Muskatnuss, frisch gerieben
- 1–2 TL Hefeflocken
- 2 EL Mineralwasser

§ Kartoffeln weich kochen, schälen und durch eine Kartoffelpresse drücken oder mit einem Kartoffelstampfer zerdrücken. Das Stück Lauch waschen, der Länge nach vierteln, in feine Streifen schneiden. Zwiebel schälen und in feine Würfel schneiden. Mit dem Lauch zusammen im erhitzten Palmöl kurz anschwitzen. Mit Salz, Pfeffer, Muskatnuss, Hefeflocken und Mineralwasser zum Kartoffelmus geben, verrühren und abschmecken.

§ TIPPS §

Wenn der Aufstrich homogener werden soll, die angeschwitzten Lauch- und Zwiebelstücke pürieren und mit dem Kartoffelmus vermischen.
Das Salz lässt sich durch Gemüsebrühpulver ersetzen.
Als pikante Ergänzung frische Sprossen auf den Aufstrich streuen, beispielsweise Radieschensprossen oder Kresse.

VEGANES „METT" MIT MÖHREN

nach einer Idee von Agnes Göllmann

- 50 ml natives Kokosöl, zimmerwarm
- 2 kleine Möhren
- ½–1 Knoblauchzehe
- 2 EL Tomatenmark
- 1 TL Hefeflocken nach Geschmack
- Kräutersalz

§ Das Kokosöl mit dem Handrührgerät cremig rühren. Die Möhren unter fließendem kaltem Wasser mit der Gemüsebürste putzen und fein raspeln. Knoblauch schälen und durchpressen oder fein schneiden. Alle Zutaten miteinander verrühren, mit Kräutersalz kräftig abschmecken.

§ TIPPS §

Falls das Kokosöl zu fest ist, um es cremig zu rühren, kann man es kurz bei niedriger Temperatur in einem Topf erwärmen. Auch in einem kleinen Gefäß im Backofen (etwa 50 °C) wird das Kokosöl schnell flüssig.

Für ein leckeres **Möhrenpesto** zu Vollkornnudeln oder Kartoffeln den Möhrenaufstrich pürieren oder mit dem Petersilienpesto (siehe Seite 57) vermischen.

Wer es gerne pikant mag, rührt noch ein wenig Chiliflocken oder grüne Currypaste darunter.

MÖHREN-ZUCCHINI-AUFSTRICH

- 120 g Möhren
- 80 g Zucchini
- 1 TL Sonnenblumenöl
- 1 TL Olivenöl
- 1 EL Zitronensaft
- ½ Knoblauchzehe
- 100 ml Gemüsebrühe
- ½ TL natives Kürbiskernöl
- ½ TL Steinsalz
- schwarzer oder bunter Pfeffer, frisch gemahlen
- Oregano
- Zitronenthymian

§ Möhren mit der Gemüsebürste waschen und fein raspeln. Zucchini waschen und klein würfeln. Beide Öle in einem Topf erhitzen, Zucchini unter Rühren darin anbräunen. Etwa 100 g der Möhrenraspel dazugeben, den Rest mit dem Zitronensaft vermischen und abgedeckt stehen lassen. Knoblauch schälen, durchpressen und kurz mitbraten, dabei rühren. Gemüsebrühe dazugießen und etwa zehn Minuten mit geschlossenem Deckel garen lassen. Kochflüssigkeit abgießen und auffangen. Kürbiskernöl, Salz, Pfeffer und Gewürze unter das abgekühlte Gemüse rühren und pürieren. Restliche Möhrenraspel untermischen. Bei Bedarf den Aufstrich mit etwas Kochflüssigkeit geschmeidiger machen.

§ TIPPS UND HINWEISE §

Der feine Geschmack dieses Aufstrichs kommt vor allem durch frische, süßliche, qualitativ gute Möhren zustande.

Für Abwechslung sorgen rote, gelbe oder violette Möhren. Das sind meist traditionelle Sorten, die heute wieder vermehrt auf Wochenmärkten angeboten werden.

Schmecken die Zucchini bitter, sollte man sie nicht mehr essen. Der dann möglicherweise enthaltene Giftstoff Cucurbitacin kann zu vermehrtem Speichelfluss, Erbrechen und Durchfall führen. Schon das rohe Gemüse (Zucchini, Kürbisse, Gurken) schmeckt dann bitter.

ROTER OLIVENAUFSTRICH

- 200 g Kartoffeln
- 1 Tomate
- 20 g Rucola
- 60 g Oliven, Sorte nach Geschmack
- 1 EL Tomatenmark
- 1 TL zuckerfreier Senf
- 3 EL natives Olivenöl
- Steinsalz
- Pfeffer, frisch gemahlen

§ Kartoffeln etwa 20 Minuten weich kochen, schälen und durch eine Kartoffelpresse drücken. Tomate waschen, vom Strunk befreien und in Würfel schneiden. Rucola waschen, trocken tupfen und fein hacken. Oliven vierteln oder achteln, dabei entsteinen. Mit den restlichen Zutaten zum Kartoffelmus geben, verrühren und gut abschmecken.

§ TIPPS §

Der Olivenaufstrich schmeckt besonders gut zu dünnen, getoasteten Baguettescheiben oder auf Fladenbrot zum Aperitif.

Das Tomatenaroma wird noch intensiver, wenn Sie zusätzlich getrocknete Tomaten verwenden (sonnengetrocknete Qualität). Kurz in lauwarmem Wasser einweichen, fein hacken und unterrühren. Dann das Salz reduzieren.

SPANISCHER PAPRIKAAUFSTRICH

80 ml natives Kokosöl, zimmerwarm

2–3 schwarze Oliven

½ kleine Zwiebel

1 Knoblauchzehe

1 EL Tomatenwürfel

1 EL rote Gemüsepaprikawürfel oder grüne Pimientos de Padrón, gewürfelt

1 EL Hefeflocken

Kräutersalz

schwarzer Pfeffer, frisch gemahlen oder Pimentón de la Vera (geräuchertes Paprikapulver aus Spanien)

frischer Thymian und Basilikum, fein gehackt

etwas Zitronensaft oder veganer Balsamico

nach Geschmack:

Chiliflocken, Cayennepfeffer oder Rosenpaprikapulver

Abbildung Seite 24

§ Das Kokosöl mit dem Handrührgerät cremig rühren. Oliven entsteinen und klein schneiden. Zwiebel schälen, fein hacken. Knoblauchzehe schälen und durchpressen. Alle Zutaten miteinander verrühren und nach Geschmack pikant abschmecken.

§ TIPPS §

Den Aufstrich pürieren, um eine cremige statt einer stückigen Konsistenz zu erhalten. Wird die Masse zu flüssig, ½ TL Johannisbrotkernmehl unterrühren.

Zu dem Paprikaaufstrich passen geröstete, klein gehackte Cashewnüsse sehr gut.

Wer den Geschmack von Röststoffen mag, grillt die halbierte, entkernte Paprika auf dem Grill oder im Backofen, bis die Haut dunkel wird. Dann schälen, klein würfeln und untermischen.

Der Aufstrich schmeckt auch warm zu Naturreis oder Vollkornnudeln.

PETERSILIENPESTO

- 40 g Sonnenblumenkerne
- 8 EL Petersilienblättchen, fein gehackt
- 6 EL natives Sonnenblumenöl
- 6 EL natives Olivenöl
- ½–1 Knoblauchzehe, geschält
- 1 unbehandelte Zitrone, Saft
- Stein- oder Kräutersalz
- weißer Pfeffer, frisch gemahlen

§ Die Sonnenblumenkerne ohne Fett bei milder Hitze unter Rühren anrösten. Mit den übrigen Zutaten zusammen pürieren oder mörsern.

§ TIPPS §

Das Pesto schmeckt als Brotaufstrich und warm zur Pasta, als Dip zu Rohkost oder Crackern.
Auch Salatsaucen lassen sich damit verfeinern: 2–4 TL Pesto in eine Essig-Öl-Mischung rühren.
Oder das Pesto als Sauce für die Pizza verwenden: auf den Hefeteig streichen, mit Tomaten und weiteren Zutaten belegen.
Als zusätzliche Würze passt 1 EL Hefeflocken oder etwas Miso (Gewürzpaste aus Sojabohnen, Gerste oder Reis und Salz).
Statt mit Sonnenblumenkernen lässt sich das Pesto auch mit Sesamsaat oder Kürbiskernen zubereiten.
Um den Rohkostgehalt zu erhöhen, einfach ungeröstete Sonnenblumenkerne verwenden.

Weitere HINWEISE und TIPPS sind auf Seite 63 beim Rucolapesto zu finden.

REIS-CURRY-ANANAS

- 1 EL Erdnussöl
- 1 EL Distelöl
- ca. 180 g Vollkornreis
- 1½ TL gelbes Currypulver (scharf)
- ½ TL Steinsalz
- 300 ml Wasser oder Gemüsebrühe
- 50 g frische Ananas
- 30 g frische Johannisbeeren

nach Geschmack:

- Ingwer, frisch gerieben
- Kurkumapulver

§ Die beiden Öle in einem Topf erhitzen. Den Reis mit Curry und Salz unter Rühren kurz darin anbraten. Mit Wasser ablöschen und mit geschlossenem Deckel köcheln lassen, bis der Reis gar und das Wasser verkocht ist. Durch ein Sieb abgießen und abkühlen lassen. Ananas in kleine Würfel schneiden, Johannisbeeren waschen und mit einem Kartoffelstampfer etwas anquetschen, beides unter den Reis mischen. Nach Geschmack mit Ingwer und Kurkuma verfeinern.

§ TIPPS §

Für einen cremigen Aufstrich den gekochten Reis mit Früchten und Gewürzen pürieren. Öl untermischen, bis die gewünschte Konsistenz erreicht ist.

Als pikante Ergänzung drei bis fünf grüne Pfefferkörner im Mörser oder mit der Breitseite eines Messers anquetschen. Mit den Früchten unter den garen, abgekühlten Reis mischen. Das Aroma des Pfeffers kommt besonders bei frischem Obst wunderbar zur Geltung und verflüchtigt sich nach ein bis zwei Tagen wieder.

Statt der Ananas passen auch Mangostückchen. Sind keine frischen Früchte zur Hand, auf Gläser oder TK-Ware zurückgreifen.

ROTE-BETE-AUFSTRICH MIT APFEL

- 70 g rohe Rote Bete
- 70 g süßsaurer Apfel
- 60 g rote Zwiebel
- 4 EL Sonnenblumenöl
- etwas Zitronensaft
- Muskatnuss, frisch gerieben oder Muskatblüte, gemahlen
- 1½ TL Steinsalz
- 100 ml Wasser oder Gemüsebrühe
- 30 g Rote Bete, vorgegart oder eingelegt
- 1 TL Apfelessig
- Meerrettich, frisch gerieben (nach Geschmack)

§ Rohe Rote Bete schälen, grob raspeln. Apfel schälen, vom Kerngehäuse befreien, grob raspeln. Zwiebel schälen und fein hacken. Ein Drittel der Bete- und Apfelraspeln und Zwiebelstückchen vermischen, mit Zitronensaft beträufeln und abdecken.

§ Öl in einem Topf erhitzen. Restliche Raspeln und Zwiebelstückchen kurz darin anbraten. Muskat und Salz dazugeben, mit Wasser ablöschen. Mit geschlossenem Deckel weich kochen, dann restliche Flüssigkeit bei geringer Hitzezufuhr ohne Deckel verdunsten lassen. Abgekühlt mit den rohen Raspeln, der vorgegarten, klein geschnittenen Roten Bete, Apfelessig und Meerrettich vermischen.

§ TIPPS §

Wegen der intensiven roten Farbe sind beim Verarbeiten von Roter Bete Einmal-Handschuhe empfehlenswert.

Der Aufstrich lässt sich auch vollständig aus rohen Zutaten zubereiten. Dazu das Wasser weglassen, zum Binden etwas Johannisbrotkernmehl verwenden und zuletzt so viel Öl zugießen, bis die gewünschte Geschmeidigkeit erreicht ist.

Für mehr Süße den Apfel- durch Himbeeressig ersetzen. Trockenpflaumen in Orangensaft einweichen, fein schneiden und untermischen.

Grob gehackte, geröstete Walnüsse oder Pinienkerne geben dem Aufstrich zusätzlich Biss und Aroma.

RUCOLAPESTO

125 g Rucola
1–2 Knoblauchzehen
100 g Cashewkerne
½ Zitrone, Saft
Stein- oder Kräutersalz
schwarzer Pfeffer, frisch gemahlen
150 ml natives Olivenöl

§ Rucola waschen und trocken schleudern, grob zerkleinern. Knoblauch schälen, Cashewkerne in einer Pfanne ohne Fett unter ständigem Rühren anrösten. Alle Zutaten vermischen und pürieren oder mörsern. Dabei das Olivenöl nach und nach zugießen, bis die gewünschte Konsistenz erreicht ist.

§ TIPPS UND HINWEISE §

Auch Brunnenkresse, Portulak oder Möhrengrün ergeben leckere Pesto-Variationen. Anstelle von Cashewkernen passen Mandeln, Walnüsse, Pinienkerne oder Macadamianüsse.
Um den Rohkostanteil zu erhöhen, einfach ungeröstete Cashewkerne in Rohkostqualität verwenden.
Das Pesto nicht zu lange pürieren, weil es sonst bitter wird. Das italienische Wort „Pesto" bedeutet übersetzt „zerstoßen": Pesto wird traditionell in einem Mörser zubereitet. Zunächst Knoblauch und gehackte Nüsse mit wenig Öl mörsern. Portionsweise grob zerkleinerten Rucola und Öl dazugeben, dann abschmecken.

EDLES „SCHMALZ"

nach einer Idee von Ingrid Wettermann

- 60 ml Leindotteröl
- 1 kleine Zwiebel
- 1–2 Knoblauchzehen
- 120 ml natives Kokosöl
- Kräutersalz
- schwarzer Pfeffer, frisch gemahlen
- getrocknete Kräuter nach Geschmack: Majoran, Thymian, Wacholder, Kümmel, Lorbeer

§ Die angegebene Menge Leindotteröl in einen Behälter abfüllen und zwei Stunden vor der Verarbeitung in den Gefrierschrank stellen. Zwiebel und Knoblauch schälen, sehr fein würfeln. Kokosöl in einem Topf erhitzen. Erst Zwiebel, dann Knoblauch dazugeben und bei geringer Hitzezufuhr anschwitzen, dabei öfter umrühren. Abkühlen lassen, bis das Kokosöl noch leicht flüssig, aber nicht mehr heiß ist. Das gekühlte Leindotteröl, Salz, Pfeffer und gemörserte Kräuter dazugeben, gut verrühren und abschmecken. In ein Steinguttöpfchen füllen und mit Frischhaltefolie abdecken. Etwa einen Tag im Kühlschrank ruhen lassen, bis das „Schmalz" festgeworden ist.

§ TIPPS UND HINWEISE §

Kleine Apfelstücke sind eine feine Ergänzung. Für einen „Butter"-Ersatz das „Schmalz" nur mild würzen.

Für farbenfrohe Varianten Blütenblätter von Ringelblumen, Schnittlauch oder Kornblumen abzupfen und unter das Schmalz mischen.

Der Aufstrich schmeckt sehr gut auf Vollkornsauerteigbrot (Rezept Seite 13 f.).

Leindotteröl ist sehr hochwertig und hat seinen Preis. Es enthält reichlich Omega-3-Fettsäuren, Vitamin E und einen hohen Gehalt an der mehrfach ungesättigten Alpha-Linolensäure, ähnlich wie Leinöl. Es besitzt einen angenehmen, erbsen- oder salatähnlichen Geschmack und ist besonders für die kalte Küche geeignet. Kühl lagern.

SONNENBLUMENAUFSTRICH

nach einer Idee von Friedrich Heinrichs

- 2–3 Knoblauchzehen
- 2 mittelgroße Tomaten
- 200 g Sonnenblumenkerne
- ½–1 Zitrone, Saft
- Kräutersalz oder Steinsalz
- 150–200 ml Wasser
- je 2–3 Stängel Petersilie und Basilikum, Blättchen abgezupft
- 1 EL Frühlingszwiebelgrün oder Schnittlauch

§ Knoblauch schälen, Tomaten waschen, vierteln und vom Strunk befreien. Mit Sonnenblumenkernen, Zitronensaft, Salz und Wasser in einen Mixer geben und pürieren. Dabei das Wasser nach und nach zugießen, bis die Konsistenz stimmt. Die Kräuter waschen, trocken tupfen, fein hacken oder schneiden und untermischen.

§ TIPPS §

Um das Tomatenaroma zu verstärken, getrocknete oder eingelegte Tomaten hinzufügen.

Wahlweise mit anderen rohen Gemüsesorten variieren, z.B. mit Gurke, Gemüsepaprika oder Peperoni.

Sind keine frischen Kräuter zur Hand, passen auch Gewürzmischungen wie Kräuter der Provence und italienische oder exotische Mischungen wie Ras El-Hanout, Garam Masala oder 5 épices.

Lecker als Dip zu Rohkost, Pellkartoffeln oder Pommes frites.

Der Rohkostanteil kann leicht auf 90 % erhöht werden: einfach alle Zutaten in Rohkostqualität verwenden.

SONNENBLUMENKERNPASTETE MIT CHILI

- 150 g Sonnenblumenkerne
- 500 ml Wasser
- 3 TL Agar-Agar
- 1 TL Johannisbrotkernmehl
- ½ Zitrone, Saft
- 2 EL Hefeflocken
- 1 TL Steinsalz
- Chiliflocken nach Geschmack

§ Sonnenblumenkerne 30 Minuten im Wasser einweichen. Mit dem Einweichwasser, Agar-Agar, Johannisbrotkernmehl, Zitronensaft, Hefeflocken und Salz pürieren. In einem Topf unter Rühren aufkochen, ein bis zwei Minuten sanft köcheln lassen. In Schraubgläser füllen, mit Chiliflocken bestreuen. Erkalten lassen, dann ist die käseähnliche Masse schnittfest. Gefäße mit Deckeln verschließen und im Kühlschrank aufbewahren.

§ TIPPS §

Diese käseähnliche Pastete ist auch zum Überbacken geeignet.

Statt der Chiliflocken können auch Meerrettich, veganer Tabasco oder Rosenpaprika für die erwünschte Schärfe sorgen. Wer es milder mag, würzt stattdessen mit edelsüßem Paprika, Knoblauch, Bärlauch, Petersilie, Koriandergrün, Schabzigerklee oder Kümmel.

CHAMPIGNONAUFSTRICH (SEITE 31) UND SONNENBLUMENKERNPASTETE MIT CHILI

TAPENADE

- 50 g Mandeln
- 150 g schwarze Oliven
- 90 g Kapern
- 1 Knoblauchzehe
- 3 EL Olivenöl
- 1–2 TL Cognac (nach Geschmack)
- Kräutersalz
- schwarzer Pfeffer, frisch gemahlen
- Korianderpulver
- Rosmarinpulver

§ Die Mandeln mit kochendem Wasser überbrühen und fünf Minuten darin einweichen. Die Haut abziehen und etwa 30 Minuten bei 50 °C im Backofen trocknen lassen, dann fein mahlen. Oliven entsteinen und mit den Kapern grob hacken. Knoblauchzehe schälen und durchpressen. Alle Zutaten vermischen.

§ HINWEISE UND TIPPS §

Die klassische Tapenade kommt aus Südfrankreich und besteht hauptsächlich aus schwarzen Oliven, Kapern und Anchovis. Sie wird als Aufstrich oder Dip verwendet und gerne zum Aperitif gereicht. Auch gut als Gewürz für Suppen und Saucen.

Weitere passende Zutaten sind Mandeln, getrocknete Tomaten, Basilikum, Thymian, Lavendel und Zitronensaft.

WÜRZIGE TOMATENWÜRFEL

- 2 große Fleischtomaten
- 1 kleine, rote Zwiebel
- 1 Knoblauchzehe
- 1–2 Stängel frische Petersilie oder Basilikum
- 1 Stängel frischer Oregano
- 2 EL natives Olivenöl
- 1 TL Balsamico oder Zitronensaft
- Stein- oder Kräutersalz
- schwarzer Pfeffer, frisch gemahlen

§ Fleischtomaten waschen, vierteln, von Strunk und Kernen befreien. Fruchtfleisch fein würfeln. Zwiebel schälen und fein würfeln, Knoblauch schälen und durchpressen, zu den Tomatenwürfeln geben. Petersilie und Oregano waschen, trocken tupfen, Blättchen grob hacken. Öl mit Balsamico verrühren, salzen, pfeffern und mit den übrigen Zutaten vermischen. Einige Zeit abgedeckt ziehen lassen.

§ TIPPS §

Ergibt mit Baguette oder Olivenbaguette (Seite 6) eine hervorragende **Bruschetta**.

Als Variationen grob gehackten Rucola, gebratene Champignons oder Steinpilze untermischen.

Eine bunte Version entsteht durch klein gewürfelte und gar gedünstete Möhren, gelbe Gemüsepaprika und grüne Zucchini.

ZUCCHINI-AUBERGINEN-CREME

150 g Aubergine
100 g Zucchini
2 EL Olivenöl
1 TL Steinsalz
schwarzer Pfeffer, frisch gemahlen
1 TL Zitronensaft
Zitronenthymian oder Kräuter der Provence
glatte Petersilie

nach Geschmack:
milde, frische Sprossen von Mungbohnen, Linsen oder Leinsamen

§ Backofen auf 200 °C vorheizen. Aubergine waschen, mehrfach mit einer Gabel einstechen, halbieren und mit der Schnittstelle nach unten in eine mit Öl gefettete Backform legen. Etwa 35 Minuten backen, bis sich die Schale leicht einstechen lässt. Etwas abkühlen lassen und das Fruchtfleisch mit einem Löffel aus der Schale lösen. Zucchini waschen und in Würfel schneiden. Öl in einem Topf erhitzen. Zucchiniwürfel mit Salz, Pfeffer, Zitronensaft und Gewürzen bei mittlerer Hitze weich garen, dabei öfter umrühren. Mit dem Fruchtfleisch der Aubergine vermischen und pürieren, bei Bedarf noch etwas Öl zugießen. Mit den gewaschenen, grob gehackten Petersilienblättchen und mit Sprossen bestreuen.

§ TIPPS §

Die Creme lässt sich auch gut als Sauce für Vollkornnudeln oder Gnocchi verwenden. Falls die Konsistenz dafür zu trocken ist, noch etwas Öl untermischen.

Statt den Kräutern der Provence eine Mischung aus Basilikum, Rosmarin, Oregano, Salbei und Bohnenkraut verwenden.

ZUCCHINI-AUBERGINEN-CREME

Rezeptverzeichnis

Buchempfehlungen

DAS ERSTE ERFOLGREICHE BUCH DES AUTORENTEAMS HEIMROTH/BORNSCHEIN

Rezepte mit doppeltem Effekt, ohne tierische Produkte und ernährungstechnisch einwandfrei: Genuss vom Frühstück bis zum Abendessen!

Annette Heimroth, Brigitte Bornschein
VEGAN & VOLLWERTIG GENIESSEN
mit einem Vorwort von Barbara Rütting

Hardcover, 216 Seiten, 90 Farbfotos
ISBN 978-3-7750-0573-9

Ganzheitlich vegan genießen, das bedeutet neben den Fragen des Tierschutzes auch die gesundheitlichen Vorteile einer vollwertigen Ernährung mit einzubeziehen. Fast alle veganen Bücher vergessen dies, denn in ihnen werden Sojafertigprodukte, Fabrikfette (z.B. Margarine) und -zucker sowie Weißmehle verwendet, die auf Dauer zu einer Mangelernährung führen. Die meisten Vollwertkochbücher liefern hingegen Rezepte, die zwar dem Gesundheitsaspekt, nicht jedoch dem Bedürfnis nachkommen, keine tierischen Produkte zu benutzen. Die abwechslungsreichen Rezepte dieses Buches schließen nun endlich diese Lücke!

KREATIV VEGETARISCH UND GLUTENFREI

Amarant, Quinoa, Hirse, Erdmandel, Teff, aber auch Buchweizen, Esskastanie und Mais bieten Genuss mit vielen gesundheitlichen Vorteilen. Mit ausführlicher Warenkunde. Ausgezeichnet mit der Silbermedaille der Gastronomischen Akademie Deutschlands.

Erica Bänziger
QUINOA, AMARANT, TEFF & CO.
glutenfreie und vegetarische Genussrezepte

Hardcover, 140 Seiten, 32 Farbfotos
ISBN 978-3-7750-0638-5

GESUNDER GENUSS FÜRS GANZE JAHR

Entdecken Sie die Vielfalt der Keime und Sprossen. Mit leckeren, raffinierten und einfachen Rezepten, Hinweisen zum Selberziehen der Keime aus Getreidekörnern, Hülsenfrüchten und Samen und Informationen über die gesundheitlichen Aspekte.

Valérie Cupillard
KEIME & SPROSSEN
Köstliche Kraftpakete aus der Küche

Hardcover, 120 Seiten, 121 Farbfotos
ISBN 978-3-7750-0484-8

VEGETARISCH & ECHT ITALIENISCH

Quer durch den italienischen Gemüsegarten führt die klassische Sammlung authentischer Spezialitäten mit rund 125 überlieferten Familien-Rezepten. Die köstlichen Gerichte für saisonale Gemüse, Salate, Obst und Nüsse, Brote, Pasta und Risotto sind einfach zuzubereiten und natürlich gesund.

Ursula Ferrigno
VEGITALIA
Vegetarisch & echt italienisch. Einfach – schnell – köstlich

Klappenbroschur, 224 Seiten, 130 Farbfotos
ISBN 978-3-7750-0636-1

IMPRESSUM

www.haedecke-verlag.de
4 3 2 | 2016 2015 2014

Redaktion und Lektorat: Julia Genazino
Foodfotos und Cover: Johanna Gollob, Stuttgart
Foodstyling: Zuzana Vintišková, Ludwigsburg
Schmuckbilder: Seiten 7, 29, 43 unten, 49, 56 und 67 (Thinkstock/iStockphoto), Seite 9 (Thinkstock/Image Source), Seite 43 links (Martin Poole), Seite 43 rechts (Getty Images/ Jupiterimages).

Reproduktionen: Snap, Stuttgart

Gestaltung: Julia Graff/Hädecke, unter Verwendung einer Illustration von AllFreeVectors/ vecteezy.com
Satz: Arnold & Domnick, Leipzig
Druck: Graphisches Centrum Cuno, Calbe

Printed in Germany 2014

Gesetzt in der Museo und Museo Sans von Jos Buivenga /exljbris, NL
Druck auf chlorfrei gebleichtem FSC-Papier.

ISBN 978-3-7750-0637-8

Neue Rezeptideen und weitere Infos rund um unser Buchprogramm finden Sie unter ***www.haedecke-verlag.de*** *und* ***www.mizzis-kuechenblock.de****!*